永远的珍藏

一千零一夜中最美的童话

永远的珍藏

一千零一夜中最美的童话

[德] 阿尼克 · 艾斯托尔 / 编著
[德] 奥尔格 · 杜基那 / 绘
王琳琳 / 译

海燕出版社

图书在版编目（CIP）数据

一千零一夜中最美的童话／（德）艾斯托尔编著；（德）杜基那绘；王琳琳译.—郑州：海燕出版社，2010.1
（永远的珍藏）
ISBN 978-7-5350-4276-7

Ⅰ.①一… Ⅱ.①艾…②杜…③王… Ⅲ.童话—作品集—德国—现代 Ⅳ.①I516.88

中国版本图书馆 CIP 数据核字（2009）第 229891 号

著作权合同登记号：图字 16-2009-84

Die schönsten Märchen aus 1001 Nacht

ISBN 978-3-480-20604-9
Text by Arnica Esterl,Illustrated by Olga Dugina
Originally Published by Esslinger Verlag J. F. Schreiber GmbH

选题策划	黄秀琴	装帧设计	彭宏宇	责任印制	邢宏洲
责任编辑	黄秀琴	责任校对	王　森	责任发行	卢曙光

出版发行：	海燕出版社 （郑州市经七路 21 号 0371-65734522）	印　　张：	6 印张
		字　　数：	120 千字
经　　销：	各地新华书店	版　　次：	2010 年 1 月第 1 版
印　　刷：	恒美印务(广州)有限公司	印　　次：	2010 年 1 月第 1 次印刷
开　　本：	16 开 (787 毫米 × 1092 毫米)	定　　价：	33.00 元

目 录

山鲁佐德

相传，很久很久以前有两位国王，他们是兄弟。一个统治着东方王国，一个统治着西方王国。他们聪明勇敢，公正开明，深受百姓的爱戴。

一天，哥哥山鲁亚尔非常想念弟弟，希望有生之年能够再见弟弟一面。于是他叫来宰相，对他说：“你是我最忠诚的臣仆、我的朋友、我最信赖的人。请你带上丰厚的礼品去撒马尔罕邀我的弟弟前来一见，因为我非常想念他。”

“遵命！”不久，宰相带着珍贵的珠宝和丝绸来到了撒马尔罕王国。国王沙宰曼亲自迎接了他。

珍贵的珠宝礼品摆满了整个宫殿大厅，宰相跪了下来："尊贵的沙宰曼国王，您的哥哥非常想念您，希望能够再见您一面。如果您答应前往，我会陪伴您安全地到达国王山鲁亚尔那里。"沙宰曼国王听了宰相的话，感动得哭了，决定立即起程。他委托自己的宰相临时执政，处理国家大事，然后便带上大臣和奴仆上路了。

当行至半夜，驼队驻扎下来时，沙宰曼突然想起有一件重要的东西未带，于是悄悄地独自返回宫中。当他回到宫殿，走进房间时，发现自己的王后竟和一个男仆抱在一起，躺在床上。他勃然大怒，拔出剑来，将二人刺死。然后离开宫殿回到驻地。"这到底是怎么回事？"他左思右想，"我刚刚离开宫殿，王后就做出对我不忠的事。"带着忧愁、伤心，他继续赶路。一路上，他不思饭食，日渐憔悴。

驼队到达后，山鲁亚尔见到弟弟非常高兴，把他安置在自己的房间里，并且在华丽的殿堂里设宴接待他。但是沙宰曼什么也不吃，什么也不喝。

“弟弟，你怎么了？”山鲁亚尔反复问道，“为什么你脸色苍白，眼神黯淡？告诉我，或许我能够帮助你。”但是沙宰曼还是什么也不说。

山鲁亚尔也没有办法，于是说：“跟我一起去打猎吧。出去散散心，你不久就会脸色红润、食欲旺盛。”但沙宰曼谢绝了哥哥的好意，他只想一个人待

在宫中。山鲁亚尔便独自出去打猎了。

一天，为了排解心中的忧愁，沙宰曼坐在窗户前，望着宫殿内的花园。那里绿树成荫，泉水喷涌。突然一扇小门打开了，王后和一群男仆、女仆走进花园。他们尽情玩耍，彼此交欢。

当沙宰曼看到这一切，他自言道："原来我的哥哥比我更加不幸。这个世界上不再有忠诚与信任。我并不是唯一遭受背叛的人。"从此他心中如释重负，开始吃东西，悠闲地游览宫殿，不久便面色红润，眼神清澈。

山鲁亚尔打猎归来，看到弟弟恢复后感到非常惊讶，急切地问道："快告诉我，你是怎么好起来的？"沙宰曼不愿回答。但在山鲁亚尔的一再要求下，他向哥哥讲述了自己的遭遇以及在宫中所看到的一切。

"这不可能！"山鲁亚尔大

声喊道。

“明天你假装再出去打猎，然后偷偷地藏在我的房间，你就可以亲眼看到这一切了。”沙宰曼说道。

第二天打猎队出发后，兄弟二人偷偷地坐在窗户旁，望着花园。不久王后便带着她的情人和女仆们出现了。山鲁亚尔国王看到了弟弟讲述的一切，他非常生气王后对他的不忠，一怒之下处死了王后以及所有仆人。但这并没有消除他心中的愤怒。沙宰曼回去后，山鲁亚尔变得日益暴躁与孤僻。

他叫来宰相，对他说："从现在开始，你每天挑选一个漂亮的少女作为我的新娘，第二天早晨再将她处死，因为女人不值得信任。"

"遵命！"宰相心情沉重地应道。每天他都挑选一个漂亮的少女，将其装扮成新娘送到国王的房间，第二天早上他则带着这个少女走向刑场。

就这样过了三年，整个王国怨声载道。没有人愿意交出自己的女儿。很多人为了躲避灾难，纷纷逃离王国。

宰相有两个漂亮的女儿。大女儿山鲁佐德博学多艺，通读过众多历史书籍及传记，熟悉所有的历史掌故，而且机智聪明，善于辞令。小女儿敦亚扎德则乖巧可爱，温柔善良。

一天，山鲁佐德对宰相说："亲爱的父亲！请您禀告国王，今天您将把我作为新娘送进宫中。"宰相大吃一惊，拒绝了女儿山鲁佐德的请求，但山鲁佐德不肯放弃。宰相无奈地来到国王面前，向国王禀告今晚他的女儿将作为新娘来到宫殿。

"我的朋友！"山鲁亚尔

吃惊地说，“你是我见过的最忠诚、最可靠的人，所以我不能够让你把自己的女儿送到我这儿来。你难道不知道，明天一早你要亲眼看着自己的女儿被处死吗？”

宰相跪在地上说：“尊贵的国王，我当然知道。但是我女儿一再坚持要这样做。”

“那你带她来吧。”

傍晚，山鲁佐德装扮整齐准备出发。临行前，她把妹妹叫到身边说："敦亚扎德，你仔细听我说。今天晚上我会派人来接你。你来到国王的房间后，就请求我，讲一个故事来打发时间。一切顺利的话，我们就有救了。"

说完山鲁佐德就跟随父亲进了宫殿，来到国王的房间。当国王掀开山鲁佐德的面纱时，他被她的美貌惊呆了。但是山鲁佐德在哭泣。

"你怎么了？"国王问道。

"尊贵的国王，"山鲁佐德说，"我有一个妹妹，我很爱她。请您允许我再见她一面，跟她道别。"

国王同意了，于是派人接来敦亚扎德。敦亚扎德蹲在床边与姐姐闲谈："亲爱的姐姐，给我讲一个动听的故事吧，这样时间就会很快过去。"

"如果我们的国王准许的话，我当然愿意讲。"山鲁佐德说道。国王此时也无法入睡，便欣然同意。山鲁佐德亲吻了国王的手，开始讲故事。她讲的故事美妙神奇，国王和敦亚扎德都听得十分入神。一个故事结束了，她又开始讲另一个。直到曙光出现，她才停下来。

“姐姐，你的故事太动听了，快告诉我们结局！”敦亚扎德兴奋地叫道。

“如果国王不将我处死，晚上我会接着讲下去。”山鲁佐德说道。

而国王也想道：“在我没听到故事结尾之前，她还不能死。”

早上，国王像往常一样来到殿厅。宰相已经在等候国王下令将自己的女儿带到刑场处死，但国王并没有提及此事，只顾处理国家事务。

敦亚扎德仍待在宫中，当夜晚来临，她迫不及待地说：“山鲁佐德，快告诉我们故事的结局吧。”

“这要得到尊贵的国王的准许才行。”

“讲吧。”国王说。山鲁佐德亲吻了国王的手，然后继续讲。一个故事接着一个故事，整整讲了一个晚上。为了能够听到故事的结局，国王仍然没有处死她。

就这样过了一天又一天，每天国王都被山鲁佐德美妙动听的故事所吸引。山鲁佐德整整讲了一千零一个夜晚。

本书收录了其中几个最美丽的故事。读到本书的最后，你们将会知道山鲁佐德在一千零一夜之后的命运。

阿里巴巴与四十大盗

很久很久以前，一个小城镇里住着兄弟二人。

他们的父亲很穷，死后没有留下太多财产，而且很快就被兄弟俩花光了。从此他们自谋生路，哥哥卡西姆走上了经商之道，从事丝绸和珠宝生意，而且娶了一个富贵人家的女儿为妻，得到了一大笔嫁妆，生意也越做越大，逐渐成为当地的大富商。而弟弟阿里巴巴却很贫穷，以卖柴为生，他每天将砍好的柴用三头毛驴驮到集市上去卖。他的妻子也出身贫寒，没陪送什么嫁妆，但是他们生活得很快乐。

一天，阿里巴巴正在林中砍柴，突然，他看见一队人马正朝自己这个方向赶来。

“他们在林里干什么呢？”

“他们一定是群强盗，说不定会把我的毛驴和木柴抢走。”

想到这儿，阿里巴巴赶忙把毛驴牵到树丛里拴好，然后爬到巨石旁的一棵大树上，暗暗观察这群人。

不一会儿，这群人骑着马来到了巨石旁，他们跳下马，将马拴好。

阿里巴巴猜得没错，他们确实是一群强盗，因为他们每个人身上都背着

弓箭和武器，每匹马的背上都驮着一个沉甸甸的鞍袋。阿里巴巴数了数，一共有四十个强盗。

他们的首领走到巨石前，喊道：“芝麻，开门！”话音刚落，一扇大门出现在巨石上，然后缓缓打开。强盗们走进去后，大门又自动关上。

此时阿里巴巴仍一动不动地待在

树上不敢下来，他害怕强盗们一会儿就会出来。过了一会儿，阿里巴巴见强盗们还未出来，于是他决定下去偷一匹马，然后牵着毛驴赶快回家。

突然石门打开了，强盗们出来后，首领大喊："芝麻，关门！"石门又自动关上，然后就消失不见了。强盗们给马套上笼头，装上空空的鞍袋，便扬长而去。

阿里巴巴看着他们远去，仍然不敢动弹，他害怕强盗们回过头来会发现他。

巨石里面到底藏着什么呢？阿里巴巴不禁好奇起来。他记住了强盗首领的暗号，决定自己也去试一试。他爬下树，站在巨石前，喊道："芝麻，开门！"话音刚落，那扇巨大的石门打开了。

阿里巴巴走了进去，石门在他身后又自动关上，但是他一点儿也不害怕，因为他已经记住暗号了。

阿里巴巴本以为这只不过是一个小山洞，但是眼前的一切让他惊呆了。这个山洞高大宽敞，洞顶的缝隙透进几缕阳光，照亮了整个山洞，而且照得山洞里的财宝闪闪发光。遍地堆满了漂亮的丝绸和华丽的地毯，还有堆得像山一样的金银珠宝以及一袋袋的金币。阿里巴巴从来没有见过这么多财宝。原来这个山洞里不但藏着他看到的四十个强盗，还藏着他们世世代代抢来的财宝。

但是他不能在山洞里待得太久，说不定强盗们一会儿又回来了。于是阿里巴巴拿了几袋金币走到了洞门口："芝麻，开门！"眼前的石门开启了。

阿里巴巴很快牵来自己的毛驴，把装金币的袋子藏在木柴下面，然后喊道："芝麻，关门！"不一会儿，洞口就消失了。阿里巴巴急忙赶着他的毛驴回家了。

回到家中，他马上关上院门，小声地喊着妻子："快来，帮帮我。"他的

妻子从屋里出来。当看到藏在木柴下面的金币时，她吓了一跳，然后大骂起来：“你是不是变成强盗了，这些金币一定是你抢来的！”

“小声点儿，小声点儿！”阿里巴巴说，“先帮我把金币搬进屋里，我再慢慢告诉你。一定要轻点儿，否则邻居们会听到的。”

阿里巴巴把金币搬到屋里的桌子上，然后一五一十地把自己的经历讲给妻子听。妻子听后又惊又喜，她把金币全部倒在桌上，高高兴兴地数了起来。

“这么多金币怎么数得过来！”阿里巴巴不耐烦地说，“我们得先挖个洞把这些金币藏起来，免得被人发现。”

“可是我很想知道，到底有多少金币。”妻子说，“我现在就去嫂子家里借一个量器。这样我们就能很快地知道有多少金币了。”

“别去了！”阿里巴巴试图拦住妻子，“如果你非去不可，记住一定不要将我讲给你的事情告诉嫂子！”

妻子保证守口如瓶，然后便跑到卡西姆家。

“嫂子，你能不能将量器借给我用一用？”

“大的还是小的？”

“小的就足够了。”

“阿里巴巴家一贫如洗，他们借量器量什么呢？”卡西姆的妻子好奇起来。于是她偷偷地在量器底部涂抹了一点蜡和焦油，然后就把量器给了阿里巴巴的妻子。

阿里巴巴的妻子拿着量器急忙回到家，开始量金币。量完后，他们将金币埋了起来。随后阿里巴巴的妻子就将量器还了回去，但她没有注意到，量器底部还粘了一枚金币。

卡西姆的妻子拿到量器一看，简直不敢相信自己的眼睛：金币，她的穷弟媳竟然用量器称量金币！卡西姆回来后，她马上迎上去：“卡西姆，卡西姆！”她叫住丈夫，“你以为你很富有吗？你的弟弟比你富有不知多少倍！看，我在他妻子借去的量器底发现的，是金币！他们用量器来称量金币！肯定他们的金币多得数不过来，才会用量器来量。”

她把金币拿给卡西姆看，的确是枚货真价实的金币。

卡西姆嫉妒得一夜未睡。天刚亮，他就来到阿里巴巴家。

“阿里巴巴！”他大喊道，“你有这么多钱，竟然不跟你的哥哥一起分享！”说着他摊开手掌，露出金币，“看，这是你们把量器还回来时，你嫂子在量器底部发现的！你哪来这么多金币？如果你不告诉我，我就把金币的事告诉别人！”

阿里巴巴知道事情掩盖不住，于是就将森林里发生的一切以及山洞的暗号告诉了卡西姆。

回到家后，卡西姆的心久久不能平静。

第二天，天还未亮，他就赶着十头毛驴去了森林。当他来到阿里巴巴说的巨石前，他迫不及待地喊出暗号：“芝麻，开门！”石门打开了，一个山洞出现在他眼前。卡西姆惊喜地走进这个满是金子珠宝，闪闪发光的山洞。石门在他身后自动关上。他贪婪地往袋子里装

着珠宝，想要把袋子都装满。

他将所有袋子装满后，搬到山洞门口。由于只顾着装珠宝，卡西姆已经将暗号忘得一干二净。他大喊："麦子，开门！"

石门一动不动。"小米，黑麦，稻谷，开门！"他把所有的粮食名字都喊了一遍，但就是想不起芝麻来。

他心慌意乱地在山洞里走来走去，早把珠宝抛到脑后，挖空心思地回想开门暗号。

此时，强盗们正骑马朝山洞赶来。一路上，他们看见很多毛驴，觉得很奇怪。原来卡西姆一时着急，忘记将毛驴拴好。

被困在山洞里的卡西姆听到了外边的马蹄声，猜想强盗们回来了。他害怕地躲在洞口旁，心想："等门一开就迅速跑出去。"

"芝麻，开门！"强盗首领喊道。

门刚开启，卡西姆就冲了出来，不巧与强盗首领撞到一起。一个强盗迅速拔出剑来，将卡西姆一分为二。

强盗们走进山洞，发现了门口装满珠宝的袋子，立即把它们搬回洞里。他们没有在意金币是否少了，只是觉得奇怪，怎么可能会有人闯进洞里。除了他们再没有人知道这个地方，也没有人知道开门的暗号。为了警示其他人，他们把卡西姆的尸首挂在洞门两侧，然后关上石门，骑马而去。

卡西姆的妻子在家里左等右等不见丈夫回来，心里害怕起来，后悔将阿里巴巴家称量金币的事告诉丈夫。她担心地跑到阿里巴巴家，阿里巴巴不断安慰她。可是到了晚上，仍不见卡西姆回来，阿里巴巴也不免担起心来。

第二天天刚亮，阿里巴巴便赶着毛驴去森林寻找哥哥。他来到巨石前，发现地上有一摊血迹。“芝麻，开门！”当他走进山洞，看到哥哥的尸体被一分为二，不禁惊恐万分。

他伤心地卸下哥哥的尸体放到毛驴身上，并小心地用木柴掩饰好，又搬了几袋金币，然后赶着毛驴偷偷地回到家。

阿里巴巴把金币交给妻子，嘱咐她埋起来。然后赶着毛驴来到嫂子家。当卡西姆的妻子看到丈夫的尸体时，悲痛万分。阿里巴巴安慰她不要太伤心，以免引起邻居们的注意。随后便将森林里发生的一切告诉了她。

“嫂子，事情已成这样，我们也无法改变，只能保守秘密，不让真相泄露出去。等哥哥的丧期过后，我会按照传统娶你为妻。我的妻子善良贤惠，她会接纳你的。”阿里巴巴试图让嫂子平静下来。

卡西姆家有一个女仆，叫做阿迪亚娜。她聪明伶俐，沉着谨慎。于是阿里巴巴就和她一起商量怎样安排卡西姆的葬礼。阿迪亚娜很快就明白该怎么做。她戴上一块黑色的面纱，来到药铺，买了一些治重病的药。

“你家谁病了？”药铺老板好奇地问。

“我家主人卡西姆老爷病了，快不行了，不知道还能活多久。”阿迪亚娜说完就带着药匆忙走了。

第二天她又来到药铺，买了一些药。“我家主人现在可能连药都吃不下了。”她叹了口气说。

第三天，阿迪亚娜又戴着黑色的面纱来到集市。很多店铺还都关着门，只

有老裁缝穆斯塔法的店铺开门了。他是专门为人制作布料和缝制殓衣的。

阿迪亚娜给了他一枚金币，对他说："老裁缝，跟我走吧，但是要蒙上你的眼睛。"老裁缝正在犹豫，阿迪亚娜又塞给他一枚金币。

于是他蒙上眼睛跟着阿迪亚娜来到一间黑暗的屋子。

阿迪亚娜解下蒙住老裁缝眼睛的黑布，对他说："请你将这具尸体缝合起

来，然后做一套殓衣。做完后，我会再给你一枚金币。”裁缝答应了。一切完成后，阿迪亚娜又蒙上他的眼睛，把他送回店铺。

伶俐的阿迪亚娜在做好这一切准备后，便开始举行葬礼。

她请来清真寺的伊玛目为死者祈祷、诵经，随后走在送殡队伍前面，放声痛哭，朝坟地走去。

葬礼结束后，阿里巴巴一直待在家中。四十天丧期过后，他带着自己的家产来到哥哥家，娶嫂子为妻。这是当地的传统，所以没有引起任何人的注意。除了他们和阿迪亚娜，没有人知道卡西姆的真正死因。

卡西姆死后，他的儿子继承了集市上的店铺，成了一位成功的商人。

强盗们返回洞中时，发现卡西姆的尸体不见了，而且金币也少了几袋。但是他们没有发现任何线索。“我们必须把这件事调查清楚。看来除了被我们杀死的那个人，还有别人知道我们的秘密。如果不找出这个人，我们的财宝总有一天会被偷光的。”强盗首领说道。

一个强盗站了出来：“我愿意去城里打探消息，找出那个人。如果完不成任务，我愿以死谢罪。”

第二天一早，他就乔装成商人来到集市上。他发现只有老裁缝的店铺开着门，就走过去打招呼：“老裁缝，天还未亮，你就能在黑暗的屋子里做针线活吗？”

“我的视力好着呢。”裁缝骄傲地说道，“前几天我还在一间黑洞洞的屋子里缝合了一具尸体呢。”

“你缝过一具尸体？”强盗故作惊讶地问。

他拿出一枚金币塞给老裁缝：“请带我去你缝尸体的地方。”

“好吧。虽然他们蒙上了我的眼睛，但是我偷偷丈量了步数。”穆斯塔法说。

强盗又拿出一枚金币，老裁缝便带着他，数着步子，来到了卡西姆的房子前，不过现在这里是阿里巴巴的家。

“就是这里了。”

强盗将金币塞给老裁缝。

老裁缝走后，他便用粉笔在阿里巴巴家的大门上画了一个记号，然后急忙赶回山洞。

强盗离去不久，阿迪亚娜有事外出，无意间发现了门上的记号，猜想肯定有人盯上了主人家。她灵机一动，拿来粉笔在周围邻居家的门上都画上同样的记号，然后放心地去了集市。

强盗回到山洞向首领汇报了他是如何找到凶手的，并且他已经在凶手家门上做好了记号。

强盗首领听后，立刻带领所有强盗赶往城里。众强盗来到了阿里巴巴的房子前，强盗首领看了看，发现每一家的门上都有同样的记号。

“哪一家才是我们要找的？”强盗首领问。

做记号的强盗慌了神，他自己也认不出来哪个记号是自己画的。强盗们无奈，只得回到山洞。

“第一个人没有完成任务，他会得到应有的惩罚。”首领说，“谁愿意再去完成这个任务？”

另一个强盗站了出来，保证一定会完成任务，否则将以死谢罪。他也乔

装打扮一番，来到集市上的裁缝店。老裁缝禁不住金币的诱惑也把他领到阿里巴巴家门前。

他在门上做了一个红色的记号，然后匆匆回去带领其他强盗过来。

第二个打探消息的强盗刚离去，阿迪亚娜出门发现了门上的红色记号。她像上次一样，没有告诉主人，取来红色粉笔在邻居家的门上都画上同样的记号。第二个强盗也失败了。强盗首领非常生气，把第二个强盗也杀了。

最后强盗首领决定亲自进城寻找。他也通过老裁缝找到了阿里巴巴家。这次他没有做记号，而是记住了房子周边的环境和大门的样子。

回到山洞后，他想出了一个办法。他吩咐其他强盗：“去买来十九头毛驴和三十八个油坛，其中的一个坛子装满油，另外的三十七个空着。我会扮成油商，晚上到那座房子里借宿。你们就躲在油坛里。半夜我叫你们，你们再出来。”

第二天晚上他便来到阿里巴巴家的房子前，请求留宿一夜。阿里巴巴不知道是强盗首领，于是欣然答应。

他吩咐仆人将驴子牵到后院，并且嘱咐阿迪亚娜：“好好招待客人，准备好饭菜和房间。我现在要休息了，明天一早我要去浴室洗浴，为我准备一套干净的衣服让阿卜杜拉送过来。然后熬一锅肉汤，我明天回来喝。”阿里巴巴随即回到房间休息去了。

强盗首领吃完晚饭，便来到后院，他小声地对藏在油坛里的强盗们说：“半夜听到我叫你们，你们就马上出来。”

说完他也回房间休息了。只剩下女仆阿迪亚娜还在忙碌。

她取出一套白色衣服交给仆人阿卜杜拉，嘱咐他第二天带上，然后便开始熬肉汤。当她准备看看肉汤是否熬好时，油灯不亮了。“怎么办？没有灯我什么都看不见。”她正发愁。

“不用担心，”阿卜杜拉说，“后院有三十多坛油呢。”

阿迪亚娜捧着油罐来到后院。油坛里的强盗以为是首领来了，于是低声问：“到出去的时候了吗？”

阿迪亚娜一惊，但很快缓过神来，用强盗首领的语气悄声说：“还没到时候。”

“油坛里装的不是油，而

是人。那个油商一定是个强盗，想伺机杀死主人。”阿迪亚娜想到这儿，便走到每个油坛前说：“还没到时候。”

当她走到最后一个油坛前，发现里面装的不是人，而是油，于是取了一罐，回到厨房。

很快她想出一个好办法。她去后院把油取过来，将油全部倒进锅里烧开。然后将滚烫的油装在罐子里，浇到三十七个油坛里，将藏在油坛里的强盗全部烫死了。

阿迪亚娜并没有惊动主人，当她确定油坛里的强盗都死了之后，便回到厨房，继续熬肉汤。

半夜，强盗首领醒来，认为时候到了。他来到后院，对着油坛低声喊道："出来吧。"但是没有回应。他又喊了一次，还是没有回应。于是他打开油坛，想看看强盗们是不是都睡着了，但发现所有的强盗全被烫死了。他意识到阴谋败露。为了保住性命，他急忙跑出后院，翻过围墙，连夜逃回山洞。

阿迪亚娜在厨房里没有听到任何动静，断定强盗首领肯定逃跑了，于是便安心去休息。

第二天一早，阿里巴巴便和阿卜杜拉去浴室洗浴，回来时发现油商的毛驴还在后院。

"客人为什么还不赶着毛驴去集市上？"他奇怪地问。阿迪亚娜把阿里巴巴领进屋里，递给他一碗新鲜的肉汤，告诉他昨晚发生的事："那个人不是什么油商，而是强盗，他想杀死我们。昨天晚上，我本想取一些油来点灯，无意中发现，油坛里装的根本不是油，而是他的同伙。我就悄悄地用热油把他们全烫死了，而强盗首领已经在夜里翻墙逃走了。老爷，你可以亲自去后院看看。”

阿里巴巴来到后院，发现事情正如阿迪亚娜所说的那样。森林里的强盗已经闯入他的房子，多亏了聪明果断的阿迪亚娜，他才躲过一劫。他叫来阿卜杜拉，在花园里挖了一个深坑，把尸体全埋了起来。

接下来的几天，阿里巴巴表现得与往常一样，假装什么都没有发生。他吩咐阿卜杜拉把油商的毛驴分批牵到集市上卖掉，以免引起他人注意。

强盗首领逃回山洞后，愤怒不已，只要阿里巴巴活着，他们世世代代积累下来的财宝就可能全被偷光。

“我一定要杀掉他。然后再召集一些强盗，东山再起。”强盗首领想。

几天后，他乔装来到集市的茶馆里，打听城里发生了什么事。他没有听到任何人谈论有关森林里的财宝以及多人被杀的事情。他意识到阿里巴巴非常谨慎。于是他又想出了一个计谋。

他从山洞里搬来大批丝绸布料，化名哈桑，在集市上开了一家布料店。不久他的店铺便生意兴隆，他与附近店铺的老板也经常来往，成为朋友。

一次，他偶然发现，他店铺对面竟然是阿里巴巴侄子的店铺。从此他对阿里巴巴的侄子格外热情，经常邀请他吃饭聊天，慢慢取得了他的信任。

一天，他们一起聊天时，阿里巴巴过来看望侄子。强盗首领一眼就认出

了阿里巴巴，但是阿里巴巴却没有认出乔装的强盗首领。

“今天到你店铺来的那个客人是谁呀？”晚上他问阿里巴巴的侄子。

“他是我的叔叔，善良的阿里巴巴。我父亲死了之后，他就一直关心照顾我。我很感激他。”阿里巴巴的侄子说。

此后，强盗首领对阿里巴巴的侄子更加友好，多次邀请他去家中做客。

一天侄子对阿里巴巴说：“商人哈桑对我很好，经常邀请我去他家中吃饭。我也应当回请他，可是我的房子矮小简陋，不足以款待他。”

阿里巴巴想了一个好办法：“下个礼拜五你关掉店铺，邀请你的朋友去周围走走，呼吸些新鲜空气。然后你带他来我家，我会吩咐仆人，为你们准备一桌丰盛的宴席。”

侄子接受了阿里巴巴的建议，将强盗首领带到了阿里巴巴家门前：“这是我叔叔的家，他很高兴我能邀请你来做客。”乔装的强盗首领暗自惊喜，他的计划不久就要实现了。正巧这时阿里巴巴从家里出来，三人在门前聊得很开

心。“我该回去了。”强盗首领突然说。

但阿里巴巴不让他走。“我的客人，你对我侄子这么好我感激不尽，理应热情款待你。”阿里巴巴诚恳地说，并且邀请强盗首领在家里吃晚饭。但是强盗首领狡猾地说：“大夫嘱咐过我要注意自己的饮食，不能吃盐，所以我怕给您带来麻烦。”

“没关系。”阿里巴巴说，“我会吩咐仆人为你准备无盐的菜肴。”说完阿

里巴巴就去了厨房，告诉阿迪亚娜饭菜里不要加盐。

“好的，主人。”阿迪亚娜应道，但又不禁好奇起来，“真奇怪，哪位客人会有这样无礼的要求？我一定要看看。”

当她和阿卜杜拉端着饭菜走进大厅时，她一眼就认出了强盗首领。她还注意到，强盗首领的衣服下藏着一把匕首。

“原来如此，这个坏蛋之所以不吃盐，是因为他想杀死主人。我不能让他的诡计得逞。”（因为按风俗，客人如果和主人一起吃了加盐的饭菜，就不能做对主人不忠的事。）

强盗首领正焦急地等待时机，心想：“等仆人从屋里出去，只剩下我们三人时，我就拔出匕首，杀死阿里巴巴。然后像上次一样从后院逃走。如果他的侄子阻止，我就把他侄子也杀了。”

但是阿迪亚娜已经看穿了他的诡计。宴席结束后，她迅速换上了舞者的衣服，头戴薄面纱，腰间别着匕首。然后对阿卜杜拉说：“带上手鼓，我们一起跳个舞，招待我们的客人。”

他们走进大厅，阿迪亚娜说：“主人，请允许我们为你们跳个舞。”

强盗首领对这突如其来的变故非常生气，但阿里巴巴很高兴地说：“好，为我们尊敬的客人来一段精彩的表演。”

鼓声响起，阿迪亚娜跳起了优美的舞蹈。她拔出了腰间的匕首舞动着，不停地旋转。

舞蹈结束后，阿迪亚娜拿着手鼓，向在座的人讨要赏钱。阿里巴巴高兴地往鼓里投了一枚金币，他的侄子也毫不吝啬。最后她来到强盗首领面前，趁着他找钱的时候，阿迪亚娜迅速拔出匕首，猛刺入强盗首领的胸口。强盗首领顿时倒地死去。

阿里巴巴大吃一惊，怒吼道：“他是我们尊敬的客人，你为什么要这么做，给我们带来不幸！”

“主人，我没有给你带来不幸。”阿迪亚娜平静地说，“这个人就是上次那个油商，他想要杀死你。他的腰间藏着一把匕首，所以他不和你一起吃盐，他不值得我们尊敬。为了保护主人，我只能这样做。”

阿里巴巴看了看尸体，发现的确有一把匕首。他很感激阿迪亚娜：“你已

经救了我两次。为报答你，我恢复你的自由，你不再是我的仆人。”

然后阿里巴巴又走到侄子身边说：“阿迪亚娜聪明勇敢，忠诚善良，我希望你能娶她为妻。不过我们得先把尸体搬到花园埋掉，不要让别人发现。”

之后过了很久，阿里巴巴见再也没有强盗找上门来，于是就为侄子和阿迪亚娜举办了一场隆重的婚礼。

这期间他也没有再去过那个山洞。

几年后，他牵着毛驴来到森林，找到了那块巨石。他仍记得暗号："芝麻，开门！"石门开启，他走进山洞，发现财宝仍然在洞里。他知道所有的强盗都已经死了。于是他搬了几袋金币回家了。

后来，阿里巴巴将山洞的秘密告诉了儿子，儿子又告诉了孙子，子子孙孙都过着幸福快乐的生活。

黄牛和毛驴的故事

从前有个富有的商人能够听懂动物的语言，但是他不能将这个秘密告诉别人，否则就会死去。

他有一头毛驴和一头黄牛。

一天，他听见黄牛对毛驴说：“恭喜你呀，毛驴兄弟！你的日子清闲自在，住着干净的棚舍，吃着上好的草料，喝着清澈的井水。只有主人出去时才骑着你，而且很快就回来。可我，每天一大早就被牵出棚舍，套上犁具去耕地，累得浑身酸疼，直到晚上才能回来。吃的还是粗糙的干草和豆子。”

“你真是头笨牛！”毛驴说，“你每天早上都一副精神饱满的样子，而且顺从主人，默默忍受劳累和苦役。虽有怨言，可当晚上他们把硬豆和干草扔到你食槽里时，你又大口大口地咀嚼，好像很好吃。我给你出一个主意：明天一早仆人牵你出去时，你就待着不动，即使他们鞭打你你也不要动。他们给你饲料，你也不吃，只吃一点干草，假装自己生病了。这样保持一两天，你

也可以过清闲的日子了。”

黄牛便照着毛驴说的去做。当仆人给黄牛套上犁具牵它出去时，黄牛一动不动。仆人鞭打它也没有用。最后他们把黄牛牵回棚舍，给食槽里放了豆子和干草。但是黄牛不吃，而且躲得远远的，装出一副无精打采的样子。

仆人见状便告诉商人，黄牛病了，不能干活了。而商人心里早已明白，于是说：“那把毛驴牵出去干活。”

于是毛驴被套上犁具去田里耕地。它累得浑身酸疼，毛皮也磨破了，一停下来休息，就会挨鞭打。它劳累了一整天，晚上才被牵回棚舍。

黄牛正在等它：“亲爱的朋友，谢谢你出的主意，我今天休息了一整天。”

毛驴什么也没说。它非常懊悔自己多管闲事，正琢磨怎么让黄牛重新回去耕地。

恰巧商人此时经过棚舍，他听见毛驴问黄牛：“接下来你打算怎么办？”

“我仍按照你的建议去做，好好享受悠闲的日子。”黄牛高兴地说。

“但我必须警告你，你正面临着危险。我听见主人对仆人说，如果你明天

还不能下田耕地，就把你送到屠夫那里杀掉。把你的肉分给穷人，皮则做成皮革。”狡猾的毛驴威胁黄牛说。

黄牛吓得蹦了起来：“啊，不要！我宁愿每天早起，精神抖擞地去干活，大口地吃饲料，让别人认为我病好了。”

第二天一早商人和他的妻子经过黄牛的棚舍，看到仆人正在给黄牛套犁具。黄牛打着响鼻，四处走动，兴奋地叫着。看到这儿，商人哈哈大笑，笑得直不起腰来。

“什么事情这么好笑？”妻子好奇地问。

“我不能告诉你。”

但是妻子不相信，生气地说：“你在笑我，你肯定在笑我！”

“不，不！我没有笑你，而是笑那些笨牲畜。我不能告诉你为什么，否则我就会死去。所以你不要再问我了！”商人说。

但是他的妻子仍不相信：“你在别人面前取笑我，对我来说是个耻辱。你一定要告诉我你为什么笑，否则我就离开你。即使你死了，也要告诉我。”

无奈之下商人决定把真相告诉妻子，然后死去。

“好吧，今天晚上把孩子们和亲戚朋友都召集过来。我会当着所有人的面告诉你我为什么笑，然后死去。”

妻子高兴地去为晚上做准备。但商人却很伤心，他走到院子里，抚摸着每件物品，依依不舍地跟它们告别。

他来到鸡舍，看见一只公鸡骄傲地站在母鸡中间。这时家狗对公鸡说：“你不感到羞耻吗？我们的主人就要死了，大家都很伤心，可你还在这里逍遥自在。你不惭愧吗？”

“我才不像主人那么笨！”公鸡说道，“如果他能像我这样就不会伤心痛苦了。”

“你是怎样做的？”家狗问。商人也在旁边安静地听着。

“看，只要我高兴，我想取悦谁就取悦谁，想啄谁就啄谁，这里我才是主人。我就是这样来管理我的五十个妻子的。而我们的主人只有一个妻子，他只要去折一把枝条，当他妻子问他‘你为什么笑’，他就用枝条狠狠地抽打她，直到她保证不再问为止。这样他就可以回到以往宁静的生活了。”

公鸡的话引起商人的思考。

他走到桑树旁，折下一把枝条，把它藏在屋里。然后叫来妻子，对她说:

“跟我来，我告诉你我为什么笑，然后死去。”

当妻子走进屋里，商人立刻拿出枝条，抽打妻子的后背。直到妻子后悔不该好奇，并保证不再多问。

“这样多好！”商人说完便带着妻子去见亲戚朋友，原本悲伤的宴席被快乐取代。

商人和他的妻子从此过着幸福快乐的生活。

乌木马的故事

相传遥远的波斯帝国有一位国王，他仁慈善良，深受人民的尊敬与爱戴。他有三个女儿和一个儿子，女儿们个个如花似玉、美如皓月，儿子相貌英俊、机智聪明。这位国王非常喜欢艺术，每年秋季日月同现时，他便召集各国的艺术家和科学家来到波斯帝国，展示他们的新发明和新成就。

一天， 宫殿里来了三位哲人，他们分别来自印度、希腊和波斯。

印度人在国王面前跪下，向国王呈送了一座由金子做成的人像。他精湛

的技艺让国王非常吃惊："这座金像有什么特点和用途？"

"尊贵的国王，"印度人说，"这座金像可以作为守卫者放在宫殿门口。如果敌人靠近宫殿，它便会吹起号角，发出警告。"

希腊人也跪了下来，他向国王展示了一个银盆，上面站着一只金色的孔雀和二十四只雏鸟。

"这只漂亮的孔雀有什么出奇之处？"国王问。

"尊贵的国王，"希腊人说，"这只孔雀每过一个时辰就会啄一只雏鸟，然后振翅长鸣。每过一个月，它的嘴里就会出现一轮新月。"

随后波斯人走到国王面前，跪了下来，送给国王一匹由乌木做成的骏马。

它装饰精美，全身镶满了宝石和金子。

国王很喜欢这匹乌木马，问道：“它有什么用处？它会动吗？”

“骑上它，人在一瞬间就可以飞起来，一天可以飞过人一年所走的路程。”波斯人答道。

“如果这三件东西真如你们所说的那样，我会满足你们的一切要求。”

于是三位哲人向国王展示了各自艺术品的神奇之处。

守卫者吹响号角，孔雀振翅鸣叫，波斯人骑上乌木马飞了起来，又安全地返回地面。

国王非常高兴：“现在该是我兑现承诺的时候了。说出你们的愿望吧。”

三位哲人回答说：“请尊贵的国王将公主赐予我们为妻。”

“我很乐意满足你们的愿望。”国王答应了他们的请求，立即派人去准备公主们的婚礼。

国王的三个女儿此时正在帷幕后面偷偷打量这三位哲人。当三公主看到波斯人时，吓了一大跳，他又矮又丑又老，简直像一个魔鬼。而三公主是波斯帝国最漂亮的少女，远比她的姐姐们可爱迷人。她伤心地回到自己的房间里，痛哭起来。

王子听见了三公主的哭声，来到她的房间，问她为什么苦恼。“我们的父王为了一匹乌木马要把我嫁给那个又老又丑的波斯人。我宁愿死，也不想嫁给他。”

王子听后立即来到国王那儿："谁是那个你答应把三公主嫁给他的魔鬼？他带来了什么礼物？" 波斯人听到王子的侮辱非常生气，记恨在心。

"我的儿子，" 国王说，"如果你看到那匹乌木马，你就会明白的。它会让你大吃一惊。" 国王命令仆人把乌木马搬过来。王子看到这匹珍贵的乌木马后

非常喜欢，他一跃跳上了木马。但是这匹马不听他的命令，站在原地一动不动。

这时波斯人走上前，指着马颈右侧的一个按钮说："按下这个按钮，马就会飞起来。"

王子按下这个按钮，乌木马像一只小鸟一样慢慢离开地面，越飞越高，不久就消失在人们的视野之外了。

国王惊慌失措，愤怒地对波斯人说："你快把我的王子找回来！"

但波斯人回答说："尊贵的国王，王子忘记问我如何下降，所以他不知道下降的按钮在哪里。他不会再回来，您也不会再见到他了。"国王勃然大怒，下令将波斯人投进大牢。

乌木马还在上升。王子惊慌失措，绝望地望着地面。但他冷静下来一想："既然有一个上升的按钮，那肯定也有一个下降的按钮。"于是他仔细查看乌木马，在马颈左侧发现了一个鸡冠状的按钮。他按下按钮，乌木马便开始缓缓下降。王子欣喜若狂，他不停地掉转马头，时升时降，完全驾驭了这匹神奇的乌木马。

天渐渐黑了下来，王子四处寻找可以过夜的地方。他看到一座很大的宫殿，于是按下下降按钮，落在宫殿屋顶上。

王子又渴又饿。他在屋顶上等到人们都入睡了，才下来寻找食物。他小心地走近一间房屋，门口的侍卫已经睡着了，王子快步上前，拿走侍卫的佩

剑，然后走进屋里。他藏在帷幕后面，借着烛光，看到了熟睡的四个女仆和一位漂亮的公主。

王子马上被美丽动人的公主吸引住了，他悄悄走到床边，低头亲吻了公主。这时公主醒来，看到眼前的王子吓了一跳，诧异他是如何闯进屋里的。

“你就是昨天被我父王赶走的那个求婚者吗？父王说你长得丑陋。但你并不丑陋，反而英俊威武。”王子没有回答公主的话，而是坐到她身边。两个人友好地看着对方，开始交谈。

女仆醒来，看到王子后大吃一惊：“公主，他是谁？”

“我也不知道。”公主回答，“他不是昨天来求婚的那个人吗？”

“不是，昨天那个求婚者丑陋不堪。而眼前这位王子却像月亮一样闪耀、英俊。”女仆回答说。

这时门外的侍卫闯进来，当他看到公主身边的陌生人时，非常紧张：“你是人还是魔鬼？你进来时我竟毫无察觉。”

“他不是魔鬼！”公主生气地说道。

“我是国王的驸马。他已经把公主许配给我并且派我来这里。”

侍卫听后，立刻赶去报告国王。国王惊恐不已，以为公主遇到魔鬼，急忙来到公主的房间，想要杀死王子。但女仆们拦住了国王，她们掀开帷幕，国王看到自己的女儿正和一个英俊的年轻人在交谈。国王放心地走进房间。“为什么你不遵守皇室礼仪，光明正大地向公主求婚，娶她为妻，而是趁晚上偷偷潜进宫殿？你侮辱了我们！”国王说道。

“为了弥补我的过失，我愿意进行一次决斗。”王子说，“明天早上派出您所有的将士与我决斗。如果我战胜了，您就将公主嫁给我；如果我战败了，那么你们也就找回了你们的尊严。”国王同意了。

第二天将士们骑着马整齐地排列在广场上。国王为王子准备了一匹马，但是王子没有接受："尊贵的国王，等我战胜了，我再骑上这匹骏马。现在我想骑我自己的马。"

"你的马？在什么地方？"国王吃惊地问。

"在宫殿屋顶上。"王子回答道。

“马怎么可能跑到屋顶上？我会派人去证实你是否在撒谎。”国王随即派仆人前往宫殿。仆人在屋顶上确实发现了一匹骏马。但走近一看，才发现这是一匹装饰精美的乌木马。仆人将乌木马搬下屋顶，抬到了国王面前。

国王看到了乌木马，吃惊地问道：“年轻人，这就是你的马吗？”王子点点头。“那你骑上你的马开始战斗吧。你肯定会被打败的。”他无法想象，这

位年轻人将如何驾驭这匹乌木马。王子骑上马，按下上升按钮，乌木马即刻飞了起来，不久就消失在天空里。国王愤怒地大叫，命令众人抓住这个逃跑者，但谁也无能为力。

国王很失望没有打败这个陌生的年轻人，闷闷不乐地回到宫殿。公主听说王子和他的马一起消失了，伤心不已，躺在床上，不吃不喝。

王子骑着乌木马在空中飞行，很庆幸自己逃了出来。可没多久，他就开始想念美丽的公主。他的思念越来越强烈，最后他掉转马头，又回到宫殿，落在屋顶上。

他远远就听见公主在哭泣，他悄悄地走过熟睡的侍卫身边，走进公主的房间。王子捂住公主的嘴巴，小声说：“你愿意跟我一起去我的王国吗？你愿意离开你的父亲和母亲，做我的妻子吗？如果你愿意，我会带你骑着乌木马，一起离开这里。”

公主点点头，拉着王子的手，一起离开房间来到屋顶，骑着乌木马飞走了。

不久他们来到了王子的国家。王子将乌木马降落在宫殿外的一个漂亮花园里。他把公主安置在公园的一个小屋里，把乌木马停在门前。

“你在这里等着我，我先去禀告我的父王，然后再来接你。”公主欣然答应。于是王子离开花园前往宫殿。

悲痛的国王看到自己的儿子平安地归来时，喜出望外，立刻派人准备丰盛的宴席迎接王子，同时释放了关在大牢里的波斯人。

王子告诉国王，他带回来一位美丽的公主，现在正在宫外，打算带领人马去接她过来。

国王欣然应允，立刻派仆人和护卫跟随王子前往宫

外。但到了花园，他们发现公主和乌木马都不见了。到底发生了什么事？

原来波斯人从大牢里出来后，打算立刻离开这个是非之地。当他经过花

园时，无意中发现了自己的乌木马和公主。他立刻明白眼前这位公主就是王子带回来的新娘，因为全宫殿的人都在讨论王子的婚礼。

报复的机会来了。他走进屋里，跪在公主面前，恭敬地对公主说：“公主，我是王子的使者，前来迎接您。”当公主看到丑陋的波斯人时，吓了一跳，有些怀疑。波斯人又恭顺地对公主说：“王子命令我，把您送到离宫殿较近的地方去，这样您就不必太劳累，走很多路。”

“你怎样带我去？”公主问。

“我们将乘乌木马去。”公主听后，相信了波斯人的话，于是走出

小屋，骑上了乌木马。

波斯人按下上升按钮，他们瞬间飞了起来，不久就看不见了。

“你要带我去哪里？”公主愤怒地叫喊。

波斯人大笑：“您再也见不到您的王子了。他侮辱了我。我将这匹乌木马

送给国王，但他却拒绝把最漂亮的三公主嫁给我。为了惩罚他们，我要让您成为我的妻子和仆人。”

他们飞了很久，来到了希腊。公主筋疲力尽地倒在草地上，掩面而泣。正巧希腊国王此时在周边打猎，他听到哭声，便顺着哭声找到了波斯人、

乌木马，还有美丽的公主。

公主向希腊国王哭诉波斯人如何欺骗她，把她带到这里。而波斯人则狡辩说公主是他舅舅的女儿，已经嫁给自己为妻。

希腊国王不相信波斯人的话，令人将波斯人关进大牢，然后带着美丽的公主和乌木马回到宫殿。他派人将乌木马放进宝库，然后派他最信任的女仆照顾公主。他非常喜欢公主，一心希望能够娶她为妻。

不幸的王子，在花园里没有找到他的新娘，悲痛万分。他决定亲自出去

寻找他的公主。他装扮成商人，从一个国家到另一个国家，从一个城市走到另一个城市，但始终没有打听到任何关于公主和乌木马的消息。

最后他来到希腊。

在客栈里，他听说，希腊国王打猎时在草地上发现一个陌生女孩、一匹木马还有一个丑陋的老头。

那个老头谎称那女孩是他的妻子，但女孩当场揭穿他的谎言。现在国王已经把那个老头关了起来，把女孩带回宫殿。

“国王爱上了那个女孩，”一个食客说，“但是这个漂亮的女孩生病了。她被魔鬼缠身，失去了理智，连国王都不敢靠近她。如果谁能够治愈她，国王会重重赏赐。但至今没有人成功。至于那匹木马，我就一无所知了。”

王子听后非常兴奋，他终于打听到了公主的下落。于是他装扮成异国的医生，来到宫殿求见国王，声称自己能够治愈所有的病。

国王接见了他，并告诉他事情的经过。

“这位漂亮的公主总是躺在地上，撕扯自己的衣服，她一定是被魔鬼缠身得了重病。”希腊国王叹息道。

王子说他治愈过很多疑难杂症，一定会治愈公主的。国王很高兴，问他有什么要求。

“我想见见公主。”王子说。国王答应了，然后带着他来到公主的住处。王子看到公主躺在地上，哭喊着不让任何人靠近她。王子示意国王退出房间。

国王走后，王子迅速跪在公主身边，在她耳边低声说：“亲爱的公主，我来了，我要带你远离痛苦，但不要让他们发现你认识我。”

公主认出了王子，激动得大叫，几乎昏厥。王子接着说：“我会跟国王说，我知道了你的病因，能将你治愈。你就任由仆人为你梳妆打扮，换上干净华丽的衣服并且要友好地对待国王。明天一早我会请求国王，让我彻底将你治愈。至于怎么做，到时候你就知道了。”

公主深深地叹了口气，暗示王子她明白了，然后安静地躺着。

王子走出房间对国王说：“我已经找到公主生病的原因。虽然很难治愈，但是我会尽一切努力。现在她已经安静下来了，但还没有脱离危险。请您派女仆为她沐浴。明天早上我会再来，作法把魔鬼赶走。”

国王听后走进房间，看到公主果真不再哭喊，还在向他微笑。

国王非常高兴，赏赐了王子很多珍贵物品并且吩咐

仆人为第二天做准备。

第二天，王子穿上医袍拜见宰相，要求看一下乌木马。宰相带他来到宝库，搬出乌木马。

王子仔细地检查了乌木马，发现它完好无损，不禁暗自高兴。

随后他来到宫殿对国王说："尊贵的国王，请将您的臣仆叫来，我将在花园里用烟雾和香料，借助乌木马将公主身上的魔鬼赶走。"

一切都按照王子的要求准备好了。公主从房里走出来，她穿着漂亮的衣服，光艳动人。她一直低着头，等候王子的指示。

王子点燃火把，放在潮湿的木头上，瞬间冒起一股白烟。他拉着公主的手，来到乌木马旁边，骑上乌木马，又让公主坐在自己身后。然后他迅速按下马颈右侧的按钮，在众人的注目

下，乌木马载着王子和公主飞到了天上，越飞越高，最后消失不见了。愚蠢的国王懊悔不已，伤心地回到了卧室。

王子和公主飞回波斯帝国。国王非常高兴，立刻为王子准备婚礼。

四十天之后，王子和公主结婚了。国王害怕再次失去他的儿子，命人摧

毁了神奇的乌木马。

婚后，王子派遣使者前往公主原来的王国送上珍贵的礼物，并且写信告诉公主的父王，他已幸运地娶了公主为妻。使者回来后也带回大批礼物，就这样他们一直以书信往来。

几年后，王子继承了王位。他以自己的智慧与善良将整个王国治理得井井有条，深受臣民爱戴。

山鲁佐德的命运

山鲁佐德讲完这个故事后，天色已亮，国王拥抱了她，然后前往殿厅，与宰相一起商讨国家事务。宰相很害怕一会儿国王会下令处死自己的女儿，他忐忑地等待着。而国王此时也在等待，等待着晚上的到来。

就这样过了三年。一天晚上，山鲁佐德对国王说："尊贵的国王，我已经为您讲了一千个故事。您能够还我自由并且满足我一个愿望吗？"国王说："我会满足你。"山鲁佐德唤来她的女仆："把我的孩子带过来。"女仆带来了三个小男孩，这是山鲁佐德与国王所生的孩子。大儿子已经会走路了，二儿子刚刚会爬，小儿子还在襁褓中。

山鲁佐德把三个孩子交给国王："国王，您看，这都是您的孩子！他们不能没有母亲。"国王听后流下了眼泪，抱着孩子们说："我很早就决定不处死你，亲爱的王后。安拉真主会保佑你和我们的孩子的。"山鲁佐德跪在地上，国王扶起了她："你是我的王后，你应该待在我的身边。"

第二天，国王赐给宰相一套华丽的衣服，感谢他将聪明、善良的女儿嫁给自己，并且在全国举办了盛大的宴会，举国同乐。国王和他的王后也幸福快乐地生活了很久很久。